D1726579

bouture

Sacha Goerg

bouture l'employé du Moi
ISBN 2-930360-04-6
Dépôt légal D/2003/9451/5

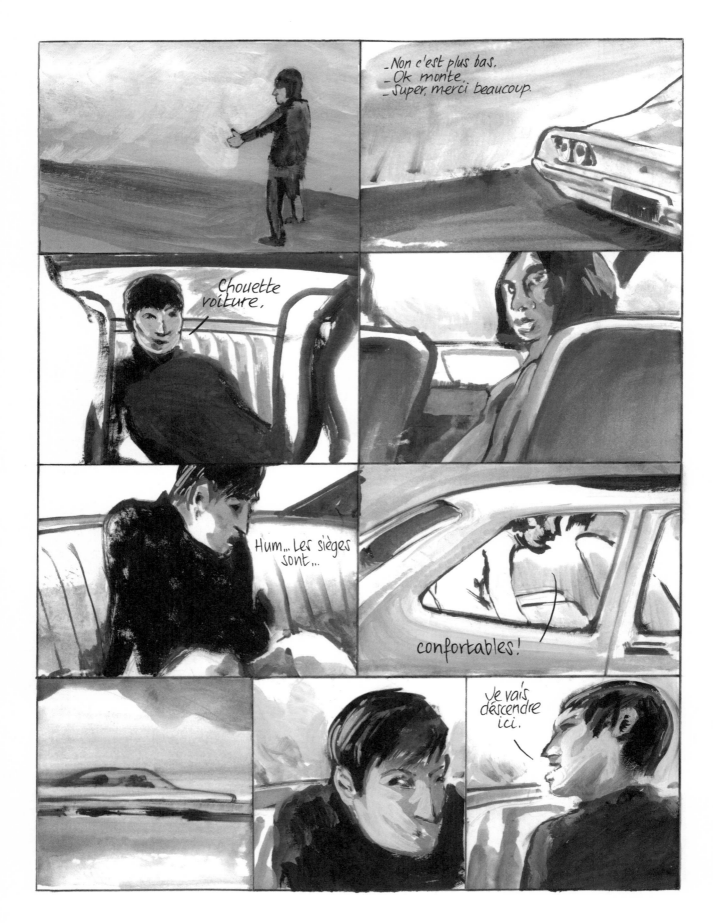

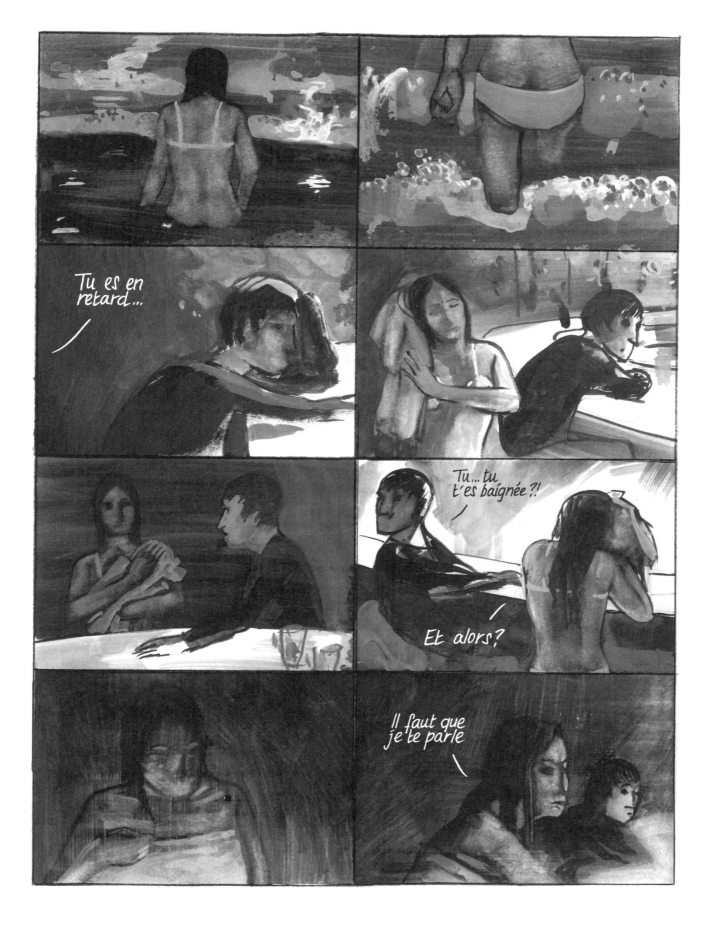

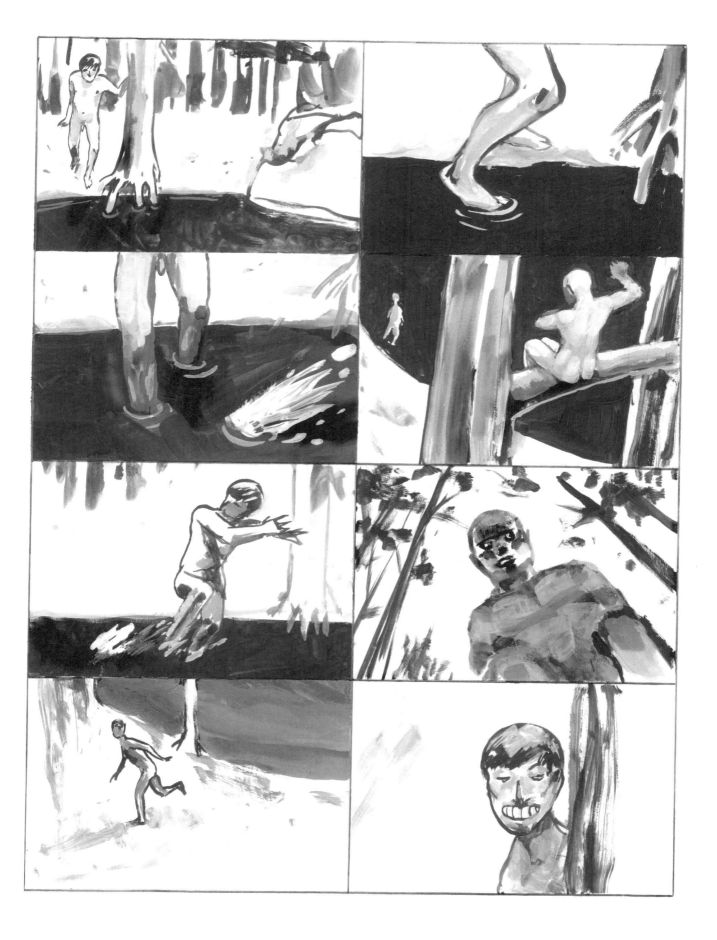

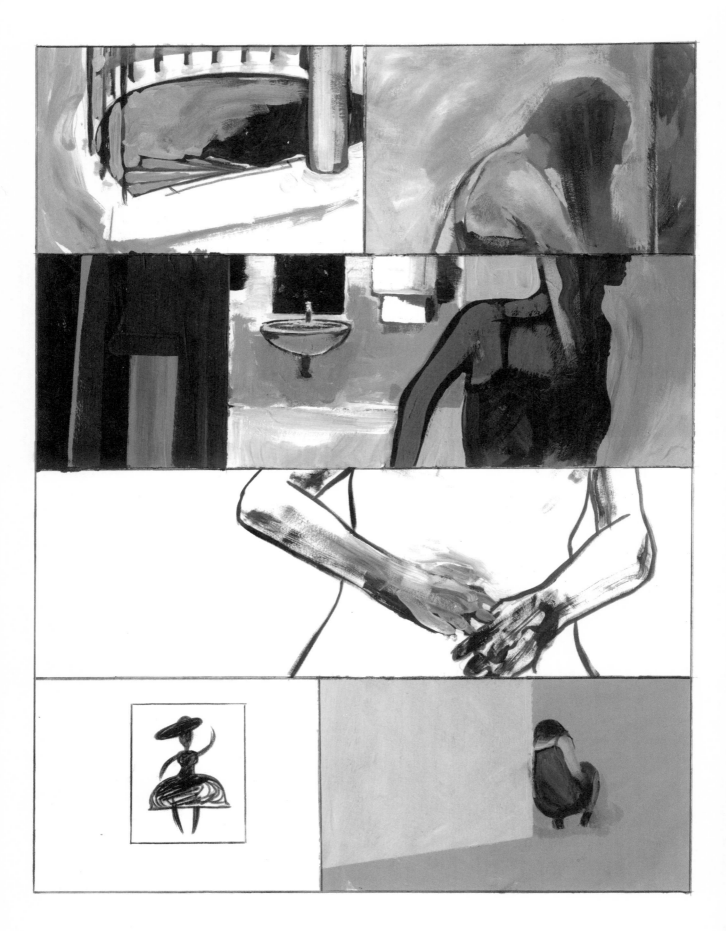

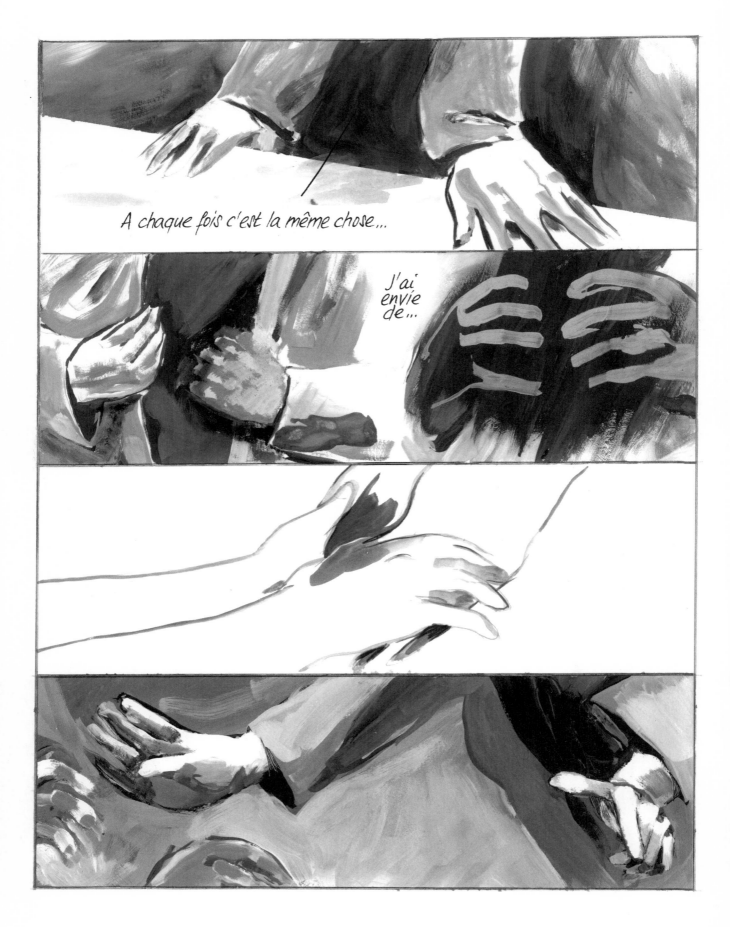

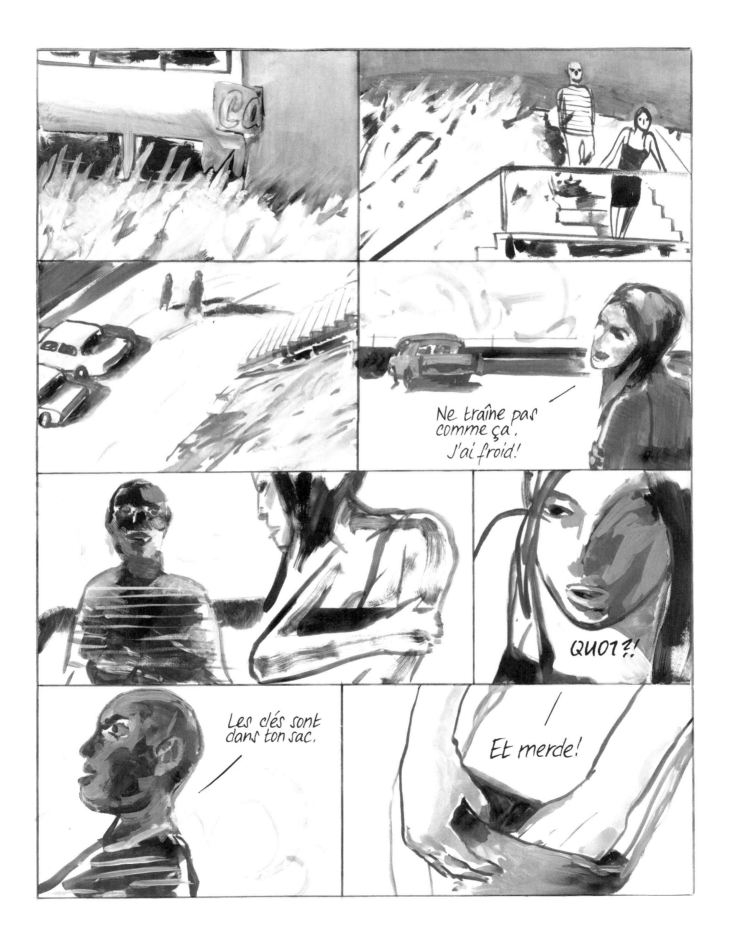

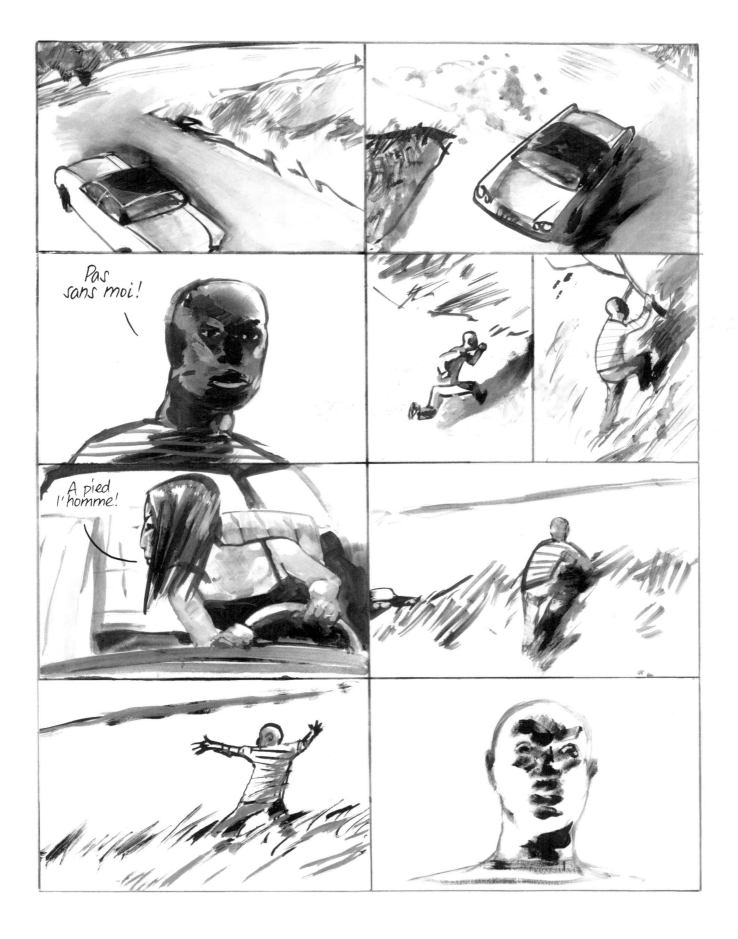

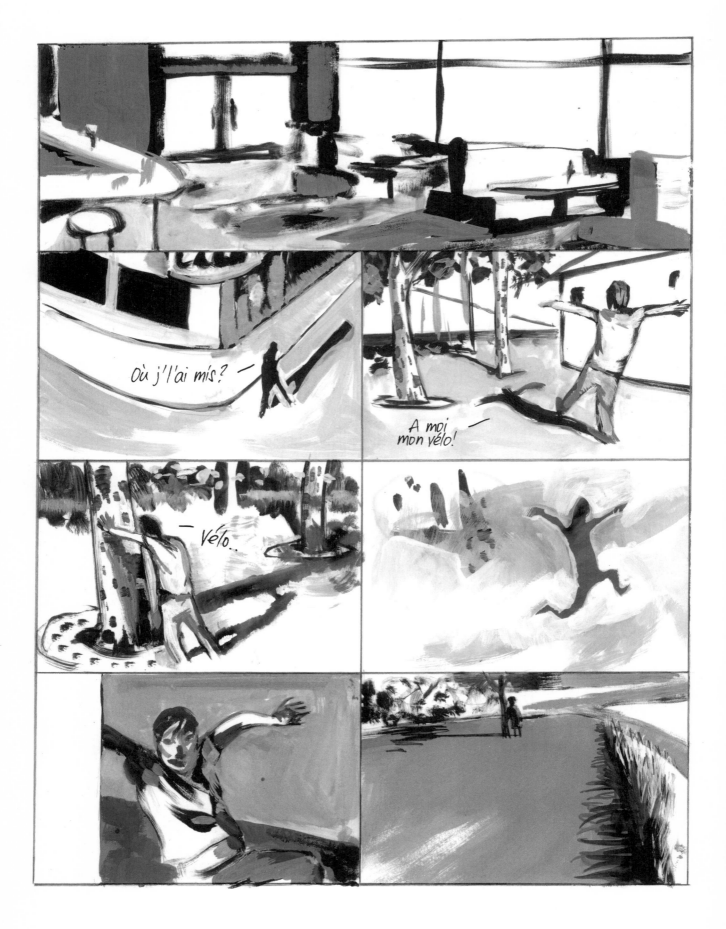

Et la vue?

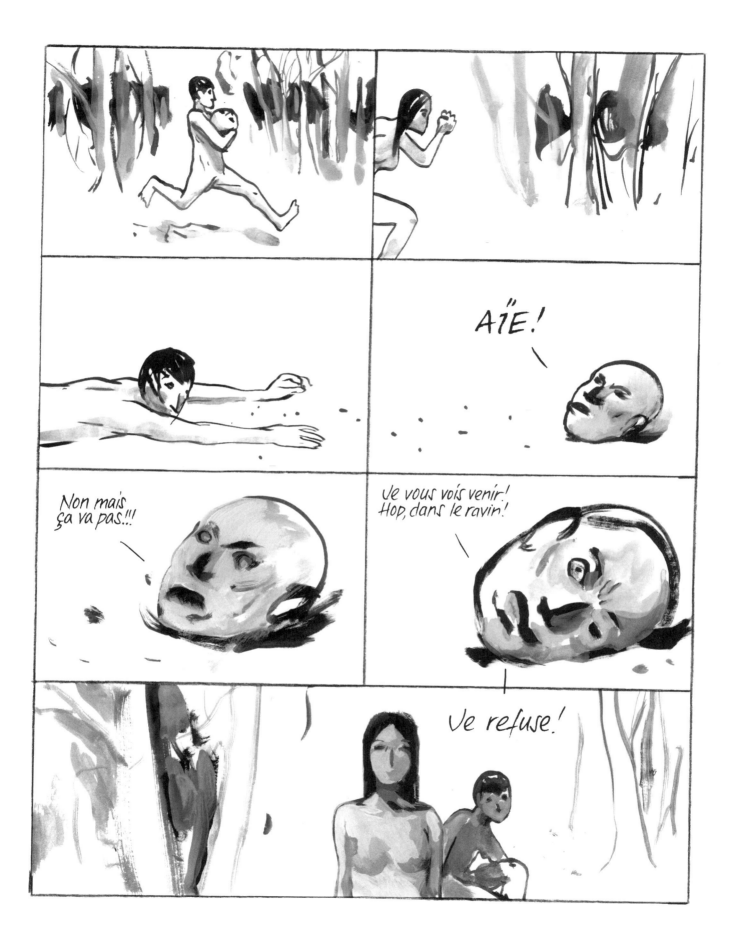

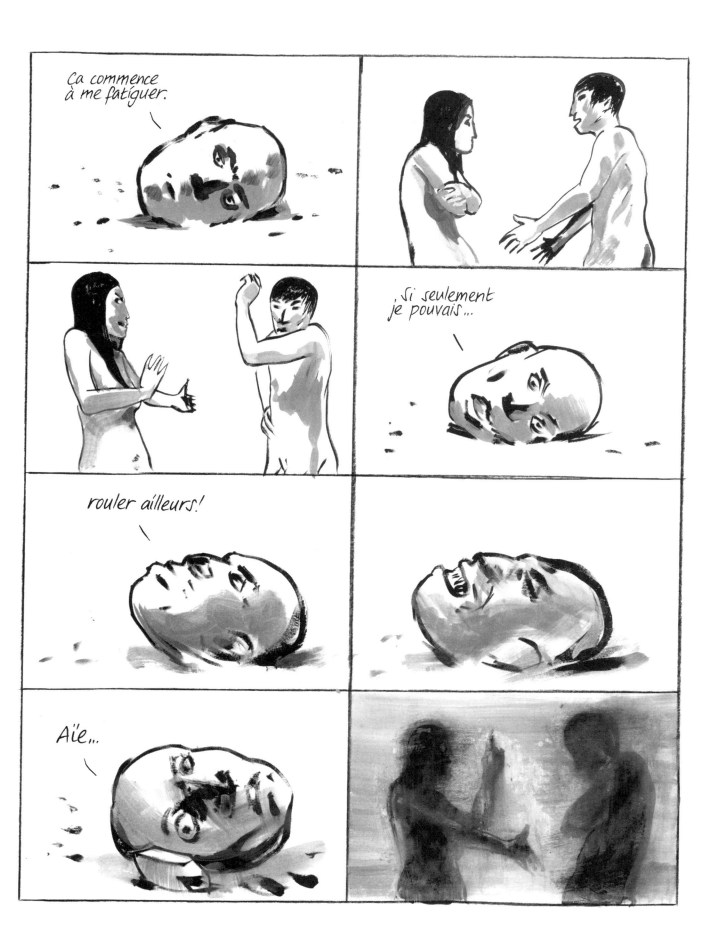

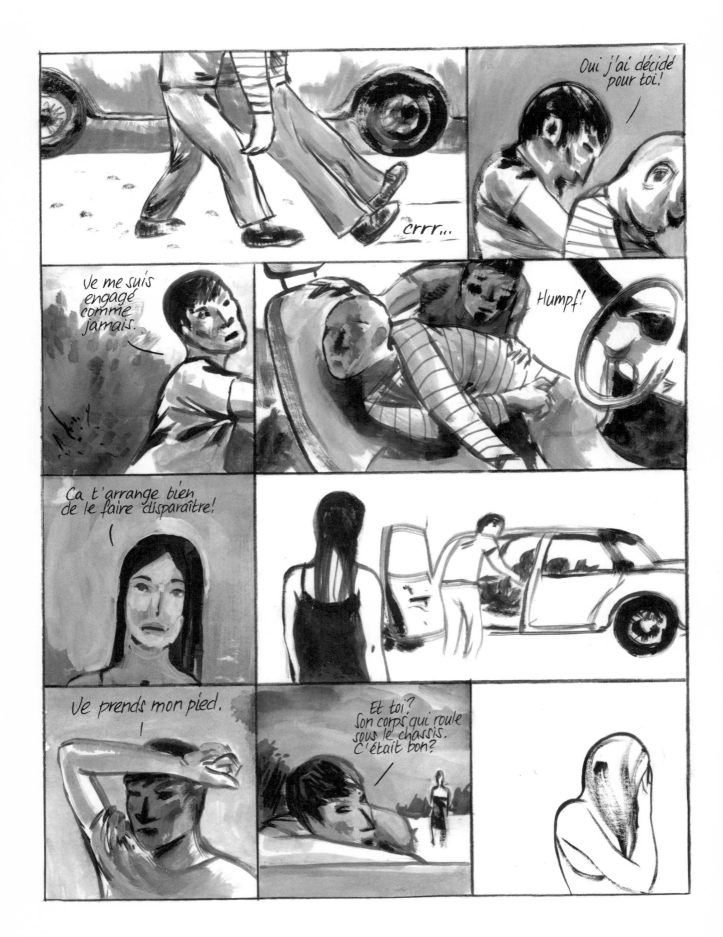

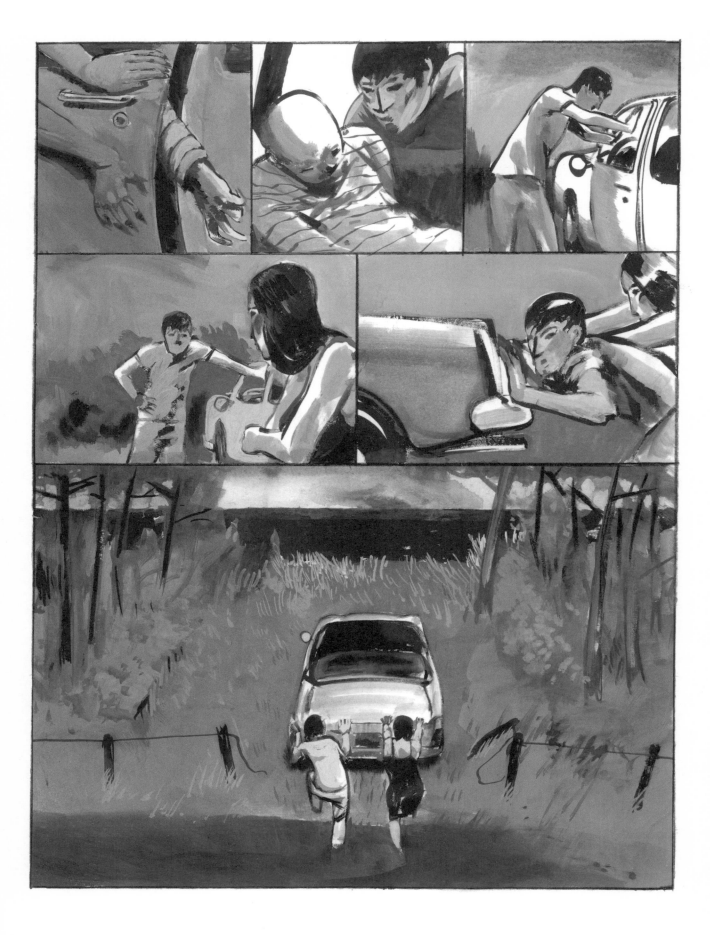

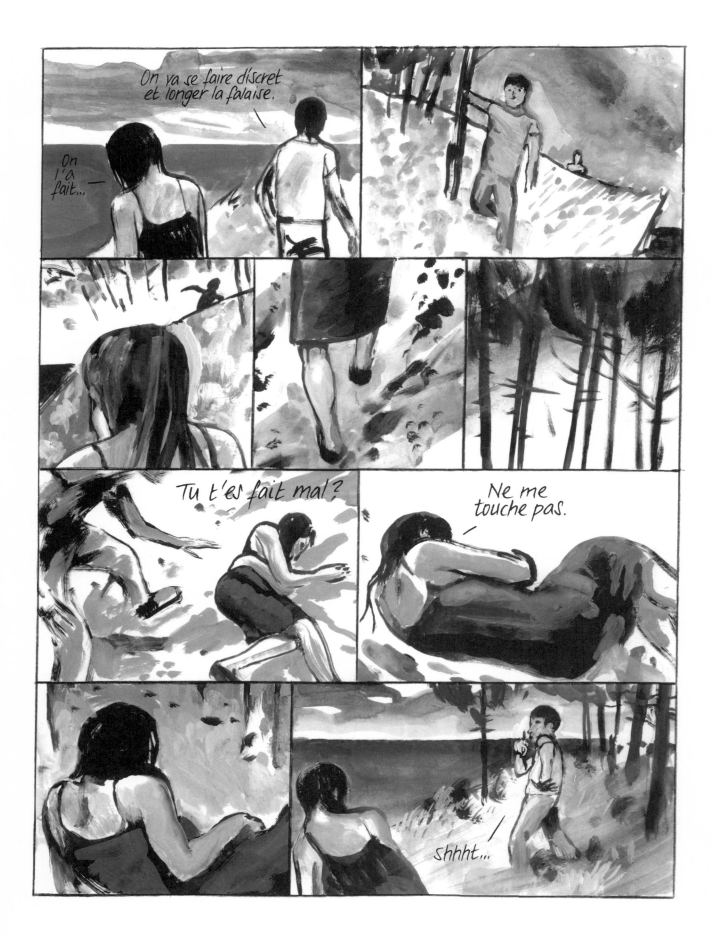

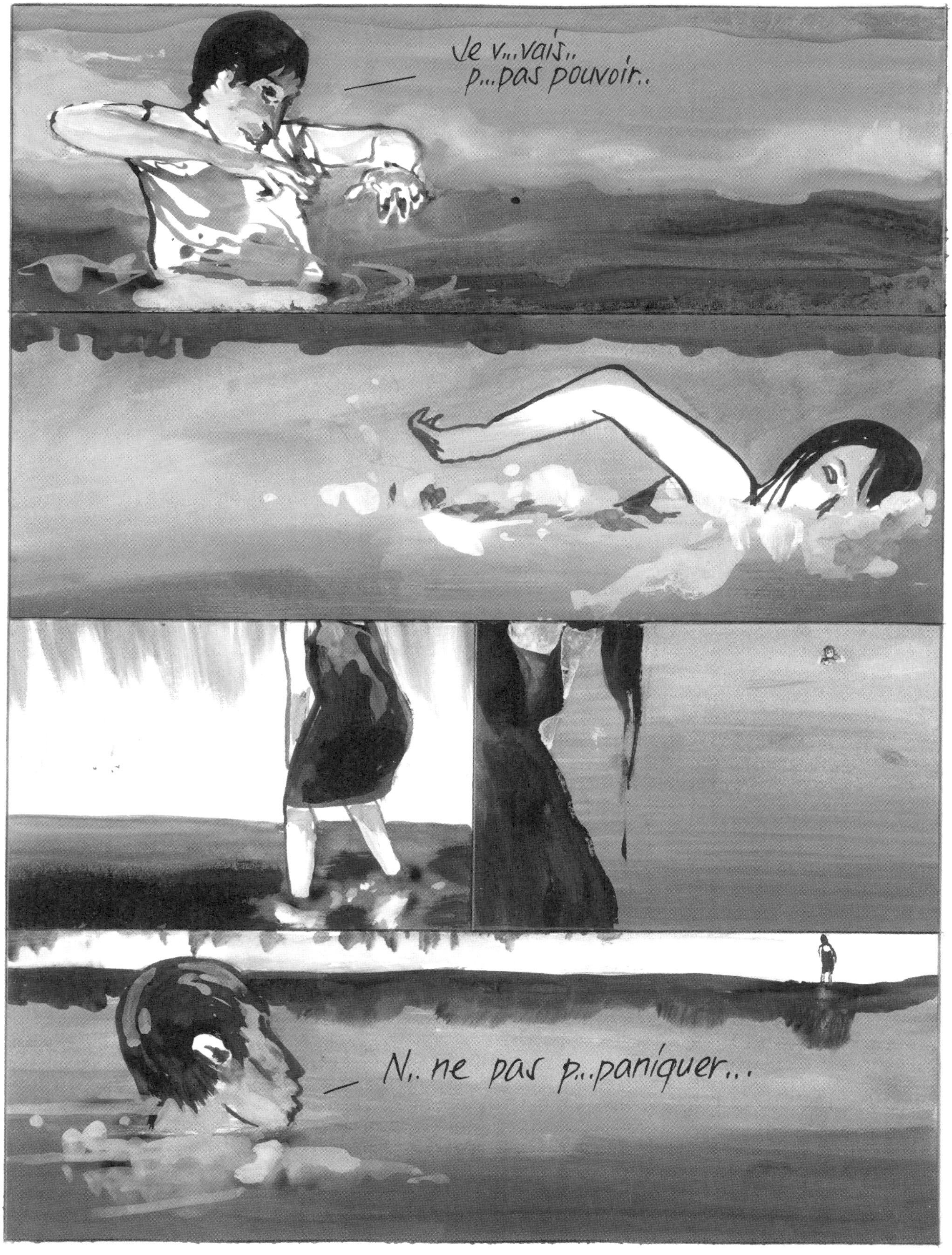
Je v...vais.. p...pas pouvoir..
N,. ne pas p...paniquer...

Autres publications de **l'employé du Moi:**

Abruxellation ouvrage collectif
Le couloir David Libens

bouture (1ère édition)

Premier ouvrage de la collection **sous-main**

Merci particulièrement à Ced pour sa lecture
attentive et ses conseils.
©2003 Sacha Goerg et l'employé du Moi

l'employé du Moi asbl
rue Marconi 19A
1190 Bruxelles
Belgique

Tél/Fax +32 (2) 345 30 76
http://employe-du-moi.org
info@employe-du-moi.org

Distribution
Le comptoir des indépendants - Belgique,
France et Suisse
F52 - Canada et Etats-Unis

Cet ouvrage a été achevé d'imprimé en
Belgique en janvier 2003 par
S.A. Hayez Imprimeurs N.V.

http://employe-du-moi.org